LES

USAGES RURAUX ET URBAINS

DU

CANTON NORD-OUEST D'ANGERS

PAR

GUSTAVE JOUSSE

En vente dans toutes les Librairies d'Angers.

ANGERS

IMPRIMERIE-LIBRAIRIE GERMAIN ET G. GRASSIN

RUE SAINT-LAUD

1886

LES
USAGES RURAUX ET URBAINS

DU

CANTON NORD-OUEST D'ANGERS

PAR

GUSTAVE JOUSSE

En vente dans toutes les Librairies d'Angers.

ANGERS

IMPRIMERIE-LIBRAIRIE GERMAIN ET G. GRASSIN

RUE SAINT-LAUD

1886

PRÉFACE

L'article 1159 du Code civil dit : « Ce qui est *ambigu* s'interprète par ce qui est *d'usage* dans le pays où le contrat est passé. » Et l'article 1160 : « On doit suppléer dans le contrat les clauses qui y sont d'usage, quoiqu'elles n'y soient pas exprimées. »

Or, il existe dans chaque canton, dans chaque commune même, des usages dits locaux qui servent de base, depuis un temps immémorial, à tous les contrats passés entre particuliers.

Mais, il y a peu de temps encore, ces usages n'étaient pas parfaitement définis. Aussi M. le Ministre de l'Intérieur invita-t-il, par une circulaire en date du 26 juillet 1844, MM. les Préfets à consulter les Conseils généraux sur l'opportunité de faire constater et recueillir, dans l'intérêt des services administratifs et des tribunaux, les usages locaux auxquels se réfèrent diverses dispositions législatives.

Une Commission, formée d'hommes compétents, fut nommée dans chaque canton et tint séance sous la présidence du juge de paix.

La Commission du canton Nord-Ouest d'Angers était composée comme suit :

MM.

Augustin Vinay, juge de paix, président ;

De Beauregard, président honoraire à la Cour d'Appel d'Angers ;

Béraud, conseiller à la même Cour ;

Auguste de Mieulle, maire de Juigné-Béné ;

Cébron-Lamothe, notaire à Angers ;

Halbert, notaire à la Meignanne, secrétaire ;

Lochard, expert à Angers.

Cette Commission se réunit à Angers longtemps après la circulaire ministérielle et le

procès-verbal rédigé et signé par cette Commission est en date du 5 juillet 1857.

En consultant les documents qu'on a bien voulu nous communiquer pour la rédaction de ce modeste volume, nous avons été frappé des changements survenus dans les usages, surtout en ce qui concerne les assolements. Cependant il nous a paru impossible de faire aucune modification. Nous avons donc accepté les usages tels qu'ils ont été déterminés par la Commission officielle.

Suivant la méthode adoptée par MM. Robert et Gasté, avocats à la Cour d'appel d'Angers, et auteurs d'un *Dictionnaire des usages ruraux et urbains* (1) des départements de Maine-et-Loire, de la Sarthe et de la Mayenne, nous avons classé nos *usages* par ordre alphabétique et sous la forme d'un dictionnaire. Cela évitera des recherches.

Nous tenons à remercier ici MM. Robert et Gasté, qui ont bien voulu nous autoriser à puiser dans leur excellent livre des renseignements que nous n'avons pas trouvés dans les

---

(1) Cet ouvrage est complètement épuisé.

procès-verbaux de la Commission officielle et que ces deux auteurs s'étaient procurés après une tâche longue et ingrate.

Notre travail n'est donc, pour ainsi dire, qu'une répétition de leur publication dont l'édition a été trop tôt épuisée et qui, malheureusement, n'était pas à la portée de toutes les bourses.

Nous n'avons pas la prétention d'avoir fait une œuvre irréprochable : des omissions et des erreurs s'y trouvent probablement ; mais nous avons essayé de remplir le mieux possible la tâche suivante : rendre des services à la classe si intéressante des cultivateurs.

Aussi nous espérons que notre modeste ouvrage sera bientôt entre les mains de tous les intéressés du canton Nord-Ouest d'Angers. Puisse-t-il éviter les différends qui s'élèvent souvent entre voisins, entre locataires et propriétaires, ne connaissant pas leurs droits réciproques !

Ce 20 août 1886.

GUSTAVE JOUSSE.

LES

USAGES RURAUX ET URBAINS

DU

CANTON NORD-OUEST D'ANGERS

A

Abeilles (en fuite.) — « Le propriétaire d'un
« essaim a le droit de le réclamer et de s'en res-
« saisir tant qu'il n'a pas cessé de le poursuivre ;
« autrement, l'essaim appartient au propriétaire
« du terrain sur lequel il est fixé. » Loi du 28 sep-
tembre et 6 octobre 1791, art. 5.

Dans la colonie partiaire, les abeilles restent en
totalité au colon, à moins qu'elles n'aient été pla-
cées sur la ferme par le propriétaire et qu'elles ne
soient immeubles par destination.

Aire. — Les réparations de l'aire des maisons
et bâtiments se font aux frais du fermier.

Ajoncs. — La consommation doit se faire sur place et le fermier ne peut ni les vendre ni les enlever.

Arbres et arbustes. — Le droit d'abattage des arbres et arbustes est interdit au fermier. Il appartient au propriétaire qui l'exerce, à son gré, sur tous les arbres de la ferme, avec certaines restrictions. Cependant indemnité est due, toujours et partout, au fermier pour les dommages occasionnés dans les clôtures ou dans les récoltes par la chute des arbres.

Ardoises. — La commission des ardoisières d'Angers donne 104 ardoises pour 100.

Arrhes ou denier-à-Dieu. — Ils sont considérés comme un acompte sur le prix du gage.

Assolement. — On appelle assolement l'ordre qu'il est bon d'observer dans les différentes cultures (1).

Les terres volantes sont cultivées comme bon semble au fermier, sans qu'il puisse cependant en changer la nature.

Avoine. — La paille doit être laissée intacte par le fermier sortant.

---

(1) Nous n'insisterons pas sur l'assolement. A notre avis, les assolements relevés par les commissions cantonales ne doivent plus faire loi. Les progrès de l'agriculture se sont fort étendus et on doit laisser une large place aux sages innovations, qu'on ne saurait trop encourager.

B

Bail verbal. — Il doit se faire :
Pour les maisons, le 24 juin ou le 1er novembre;
Pour les métairies, le 1er novembre.
La durée du bail verbal est de :
Pour les métairies, trois ans ;
Pour les closeries, deux ans ;
Pour une maison entière, un an (1) ;
Pour les terres volantes, un an.

Baliveaux. — Les baliveaux doivent être de l'âge de la coupe et désignés par le propriétaire. Le fermier, si l'on s'en rapporte à lui, choisit les beaux pieds, espacés convenablement sur l'ensemble du terrain.

Barrières et échaliers. — L'entretien des barrières et des échaliers est dû par le fermier.

Les réparations et reconstructions sont faites par le fermier avec le bois (sur pied ou débité) fourni par le propriétaire.

Béchage. — Le béchage à la pelle, en mottes, est usité dans la vigne, en juin.

Bestiaux. — Dans la colonie partiaire, le nombre des élèves est fixé par le propriétaire.

---

(1) Si le locataire entre en jouissance à une époque autre que celle usitée, le temps compris avant le 24 juin ou le 1er novembre ne compte pas pour la durée du bail qui prend fin aux termes accoutumés.

Le colon ne peut employer ses bestiaux hors de la ferme sans le consentement du propriétaire.

La fourniture des bestiaux se fait moitié par le colon, moitié par le propriétaire.

Le choix de la race n'appartient pas au colon, mais au propriétaire.

Bettes ou betteraves. — Leur consommation doit se faire sur place. Le fermier ne peut ni les vendre ni les enlever (1).

Blés. — La dernière récolte se partage par moitié (semences prélevées) entre le sortant et l'entrant.

Boires. — Le curage des boires se fait à frais communs entre riverains ; la boue et les détritus sont jetés de chaque côté, par moitié.

Les boires sont présumées mitoyennes.

Bruyères. — La coupe des bruyères se fait en même temps que celle du taillis lui-même.

C

Carottes. — Leur consommation se fait sur place : le fermier ne peut ni les vendre, ni les enlever.

Cendres et charrées. — Leur consommation se fait également sur place comme engrais : le fermier ne peut ni les vendre, ni les enlever.

---

(1) Il y a exception pour l'espèce de betteraves destinées à la fabrication du sucre.

Champs. — Dans la mesure des champs, il faut comprendre les haies et fossés qui en dépendent.

Chanvre. — (Colonie partiaire.) Le broyage et le teillage sont à la charge du colon.

Charrois. — Les charrois dus par le fermier doivent être exécutés dans l'année à peine de prescription : le propriétaire ne peut, s'ils n'ont pas eu lieu, en réclamer le prix en argent, ni les reporter sur l'année suivante.

Chasse. — Le droit de chasse est toujours réservé au propriétaire, à moins de conventions contraires écrites.

Chaumes. — Leur consommation doit se faire sur place : le fermier ne peut ni les vendre, ni les enlever, soit au cours, soit à la fin du bail.

Choux. — La consommation des choux se fait sur place, comme fourrage.

Le fermier sortant peut enlever, jusqu'au 1er novembre, les feuilles basses sur les choux plantés par l'entrant, mais de façon à ne pas nuire à leur croissance.

Dans ce canton, le sortant fournit la moitié du plant.

Un quart des terres restées en jachère est mis à la disposition de l'entrant pour planter des choux. Il a la faculté de remplacer les choux par du coupage.

Cidres. — (Colonie partiaire.) Les cidres faits au fur et à mesure de la maturité des fruits sont entonnés avant le partage.

Le fermier doit le charroi du cidre au domicile du propriétaire ou au lieu qu'il lui a indiqué.

On ne peut faire de petit cidre sans l'agrément du propriétaire.

Closerie. — On appelle de ce nom toute exploitation où il n'y a pas de bœufs.

Congé. — *Époque à laquelle il faut donner congé.* — Pour les boutiques et cafés, avec ou sans appartements, six mois d'avance. Pour une chambre à feu, trois mois. Pour plusieurs chambres à feu, trois mois également. Pour une seule chambre à feu avec grenier et cave, six mois. Pour une seule chambre à feu avec cour ou portion de cour privative, six mois. Pour une seule chambre à feu avec jardin, six mois. Pour une écurie, trois mois. Pour une ferme, un an si elle est grande, six mois si elle est petite. Pour jardins avec maison, 6 mois (1). Pour les terres volantes sans maison, le congé n'est nécessaire que dans le cas où le locataire a continué de jouir après la première année. Et, dans ce cas, il est donné six mois avant le 1er novembre.

Corps de ferme. — Une propriété est réputée corps de ferme lorsqu'elle joint à une habitation rurale l'exploitation d'une étendue de terres suffisante pour que ces terres forment l'objet principal.

---

(1) Si le jardin est considéré comme l'objet principal de la location, c'est un an.

Coupage. — L'entrant peut semer du coupage sur un quart des terres en jachère. Il peut aussi, à son gré, les remplacer par des choux.

D

Déménagement et emménagement. — (Héritages ruraux.) On accorde au fermier sortant jusqu'au lendemain, à midi, du jour de l'expiration du bail. L'entrant peut emménager dès le jour même.

Direction de l'exploitation. — Dans la colonie partiaire, elle appartient au propriétaire.

Domestiques. — On distingue pour les usages deux sortes de domestiques :
1° Les serviteurs attachés à la personne comme valets de chambre, femmes de chambre, cochers, cuisinières, etc. ; on les appelle domestiques personnels ;
2° Les serviteurs attachés à l'exploitation agricole ; tels sont les garçons et les filles de ferme, les bouviers et les vachères, etc. (1).
L'apprentissage n'est pas considéré comme un motif admissible de résiliation.
La cessation d'exploitation ne dégage pas le maître vis-à-vis du domestique. Celui-ci peut cependant offrir ses services au successeur ; s'ils ne sont pas acceptés, il lui est dû une indemnité.

---

(1) Nous indiquerons par cette parenthèse (dom. pers.) le cas où il s'agira exclusivement des premiers.

**

La durée du louage est d'un an complet à partir du 24 juin.

L'engagement militaire volontaire ne délie pas le domestique vis-à-vis du maître.

En cas de résiliation ayant l'exécution du contrat de louage, il est dû une indemnité de part ou d'autre, suivant que la demande vient du domestique ou du maître. Cette indemnité est du vingtième au tiers des gages de l'année, suivant le plus ou moins de rapprochement de l'époque d'entrée.

Après l'entrée en service, le contrat peut être résilié de part ou d'autre sans indemnité, en se prévenant huit jours d'avance (dom. pers.).

Si la résiliation a lieu du 1er mai au 1er novembre, et si elle provient du domestique, ce dernier doit une indemnité moitié plus forte que celle qui serait imposée au maître.

Du 1er novembre au 1er mai, on suit la règle contraire.

L'indemnité est arbitrée par le juge de paix ; elle ne peut être inférieure au douzième des gages ni supérieure au tiers.

Dans certains cas, elle peut même être abaissée au vingtième.

Le mariage du domestique n'est pas une cause suffisante de résiliation.

En cas de mort du maître, le domestique peut ou se retirer, ou offrir ses services au fermier successeur.

Si le successeur les refuse, le domestique a droit de demander aux héritiers de son maître des dommages-intérêts.

Si le successeur est en même temps l'héritier, le contrat de louage continue sans modification.

En principe, les domestiques doivent au maître tout leur temps.

Cependant, les dimanches et fêtes reconnues, ils ne sont tenus que des soins des bestiaux et du ménage, excepté au moment de la récolte, où, même ces jours-là, ils doivent exécuter tous les travaux nécessaires.

Dommages-intérêts. — Le fermier sortant doit des dommages-intérêts pour tous les dégâts commis dans la ferme, pour tous les torts causés à l'exploitation par malice ou par négligence, pendant toute la jouissance, sans pouvoir pourtant remonter au-delà des neuf dernières années.

Ces dommages-intérêts sont prescrits, c'est-à-dire qu'on ne peut plus les réclamer au fermier un an après sa sortie.

E

Echalas. — Le fermier en doit l'entretien.

Echelles. — Les réparations des échelles sont à la charge du fermier.

Echenillage. — Le fermier doit exécuter tous les règlements administratifs.

Egoûts des toits. — Ils emportent la propriété du fonds sur lequel ils tombent.

Elagage et émondage. — L'élagage a lieu :
Pour le bois dur, à neuf ans ;

Pour le bois blanc, à cinq ans (1).

L'émondage se fait du 1er décembre au 15 avril.

Les émondes appartiennent au fermier.

Le fermier doit ménager les renaissances et les jeunes arbres ; il ne peut les élaguer et les étêter sans l'ordre formel du propriétaire.

Engrais, fumiers, amendements. — Sont considérés comme engrais naturels toutes les litières et tous les fourrages (foins, pailles, chaumes, betteraves, carottes, pommes de terre, etc.).

Les engrais ne peuvent être vendus et enlevés. On doit les consommer sur la ferme qui les a produits.

Les engrais étrangers et industriels, dans la colonie partiaire, sont payés moitié par le propriétaire et moitié par le colon qui, avec les attelages du lieu, va les prendre à ses frais aux endroits où la vente s'en fait d'ordinaire.

Ensemencés. — Le fermier sortant ensemence, dans sa dernière année de jouissance, un tiers des terres arables en céréales et un autre tiers en vert et menus grains.

L'entrant peut ensemencer, dans l'année de son entrée, le douzième des terres arables.

Epines et broussailles. — La coupe des épines se fait à cinq ans.

Etalons. — (Colonie partiaire.) Le choix des étalons est réservé au propriétaire.

Les frais de saillie sont supportés par moitié.

---

(1) Généralement, s'il y a mélange d'essences, la règle est imposée par l'essence qui prédomine.

Exploitation. — (Colonie partiaire.) La direction de l'exploitation est entièrement réservée au propriétaire. C'est lui qui choisit les animaux à acheter, à vendre, à échanger, qui fixe la nature des races, la quantité des élèves, qui indique quels mâles seront châtrés, quelles femelles seront saillies, qui détermine la forme des labours, le genre et l'étendue des cultures, etc.

Les frais de l'exploitation sont tous à la charge du colon (1).

Les travaux de l'exploitation sont également tous exécutés par le colon.

F

Faînes, feuilles, gazons, glands, mousses. — Ils ne peuvent être jamais enlevés ; ils doivent être laissés sur place comme engrais.

Fermages. — Le paiement des fermages a lieu à deux époques, moitié à la Saint-Martin, moitié à la Fête-Dieu. Mais, dans la dernière année, le paiement se fait en entier le 1er novembre.

Ce paiement doit se faire au domicile du propriétaire ou au lieu qu'il indique.

Fermiers généraux. — Ils sont substitués à tous les droits du propriétaire vis-à-vis des fermiers ou colons de détail.

---

(1) Il faut cependant excepter de cette règle générale certains frais supportés par moitié, comme ceux de saillie, de péage, d'engrais, etc.

***

Foins. — La consommation des foins se fait sur place. Le fermier ne peut ni les vendre ni les enlever, pendant le cours et à la fin de son bail (1).

Le fauchage se fait le plus ras possible, sous peine de dommages-intérêts.

Dans les prés naturels, la récolte des foins se fait à la maturité, c'est-à-dire en pleine floraison.

Le sortant a le droit de faire consommer le tiers de ces foins, pris dans les prés bons ou mauvais (année de la sortie).

Quant aux foins artificiels, dans l'année de la sortie également, la totalité appartient au sortant, à l'exception des luzernes, qui sont considérées comme foins naturels.

La dernière récolte des foins se fait par le sortant et par l'entrant. Chacun fauche, fane et engrange sa part; mais le charroi de la totalité est fait par le sortant.

Foires et marchés. — (Colonie partiaire.) Les frais de conduite des bestiaux aux foires et marchés sont à la charge exclusive du colon.

Les droits de péage sont supportés par moitié.

Fossés. — *Curage à vieux fonds et vieux bords.* — Ce curage doit se faire lors de la coupe du bois émondable du taillis et de la réparation des haies ; plus souvent même s'il en est besoin.

Les terres provenant de ce curage servent à réparer les brèches faites aux lits ou lisières, et le surplus est employé en compost. On en augmente la masse des engrais.

---

(1) Cette règle n'est pas obligatoire dans les closeries ou borderies.

Les fossés doivent avoir une inclinaison de 45 degrés.

Leur largeur, sans distinction de leur usage ou de leur emplacement, est de 1^m33.

Les fossés des terres arables et des vignes ont la même largeur (1^m33).

La largeur du fond des fossés est de 0^m33.

La profondeur est déterminée par l'inclinaison et la largeur.

Partout et toujours, les fossés doivent être préparés de manière à faciliter l'écoulement de l'eau, c'est-à-dire qu'il faut en signer la pente et n'y laisser aucune excavation.

Le fermier est passible de dommages-intérêts s'il n'a pas fait, en temps utile, la réparation des fossés.

Le fermier doit l'entretien des rigoles.

Fosse à fumier. — Il faut élever entre la fosse et un puits un contre-mur en pierre dure avec mortier de chaux.

Four. — L'entretien du carrelage du four est à la charge du fermier.

Fourmilières et taupinières. — Le fermier est tenu de les raser et de les étendre sur le sol deux fois par an.

Fruits. — (Colonie partiaire.) Les fruits de la ferme se partagent par moitié entre le propriétaire et le colon. Les fruits à couteau sont cueillis à la main par le colon.

G

Gages. — (Colonie partiaire.) Les gages des domestiques sont acquittés exclusivement par le colon.

Gourmands. — La destruction en est obligatoire, chaque année, pour le fermier ou colon.

Grains (gros). — Dans les terres soumises à l'assolement biennal, on peut ensemencer en gros grains la moitié des terres arables.

Dans celles soumises à l'assolement triennal, on n'ensemence en gros blés qu'un tiers des terres arables.

Le nettoyage des grains, dans la colonie partiaire, est fait au tarare, par le colon, après partage.

Greffer. — En général, le droit de greffer est interdit au fermier.

Gui. — La destruction du gui est obligatoire et à la charge du fermier ou colon.

H

Haies. — Les épines et les broussailles qui forment les haies se coupent tous les cinq ans, en saison convenable.

Les haies des taillis se coupent en même temps que les taillis.

Le propriétaire a toujours le droit de planter des haies nouvelles ou d'arracher les anciennes, et le fermier ne peut s'en plaindre qu'au cas où les travaux nécessités par ces changements causeraient un dommage réel à ses labours, ensemencés et récoltes.

L'entretien et la réparation des haies sont à la charge du fermier.

Les réparations des haies (et fossés) sont faites au moment de la coupe, en temps convenable.

La propriété de la bande de terre qui est laissée entre la ligne séparative et la plantation de la haie demeure au propriétaire de la haie.

I

Impôts. — La dernière année, le sortant doit un tiers des impôts fonciers.

L'impôt des portes et fenêtres est à la charge du locataire.

Instruments aratoires. — Le fermier doit en avoir suffisamment pour répondre du prix de ferme et assurer une bonne exploitation.

Dans la colonie partiaire, la fourniture de ces instruments est faite tout entière par le colon.

Ivraie. — Elle doit être détruite par le fermier avant la maturité des graines.

L

Labours. — Ils ont lieu, sur les vieilles pâtures, avant le 30 avril, sur les chaumes de l'année précédente avant le 31 mai ; sur les trèfles d'un an, du 1er au 15 octobre ; sur les trèfles de plus d'un an, avant le 15 juillet.

Légumes. — (Colonie partiaire.) Le surplus de ce qui est nécessaire aux besoins du colon se partage par moitié comme les autres produits.

Lierre. — La destruction du lierre est obligatoire et à la charge du fermier.

Lin. — (Colonie partiaire.) Le teillage et le broyage du lin se font aux frais du colon.

Litières. — Les litières doivent être employées sur les lieux. Le fermier ne peut ni les vendre ni les enlever.

Loyers. — Le paiement des loyers a lieu aux époques suivantes :

1º En deux termes égaux, la moitié à Noël, la moitié à la Saint-Jean, pour les maisons dont la jouissance commence le 24 juin.

2º La moitié, le 1er mai ; la moitié, le 1er novembre, pour les maisons louées à la Toussaint.

Le 1er novembre (seul terme de paiement) pour toutes les maisons situées hors de la ville.

M

Maisons. — Dans les héritages urbains, le locataire doit le blanchiment à sa sortie.

Ce blanchiment est au lait de chaux pour les maisons non tapissées ou peintes ; mais il est bien entendu qu'au cas de peinture ou de tapisserie, le locataire en doit l'entretien et les réparations.

Métairie. — On appelle métairie ou grande ferme toute exploitation servie par des bœufs.

Métiviers. — Le louage des métiviers se fait du 24 juin au 12 décembre (Saint-Martin).

N

Navets. — Leur consommation doit se faire sur place.

O

Oies. — (Colonie partiaire.) Les oies sont comprises dans le partage des fruits.

P

Pailles. — La consommation doit s'en faire sur place. Le fermier ne peut ni les vendre ni les enlever pendant le cours ou à la fin de son bail.

Dans la dernière année, la totalité des pailles est réservée à l'entrant; le sortant n'en peut faire consommer aucune, pas même celles de sarrazin, de trèfles à graines et fanes de pommes de terre,

Cependant, si la part du foin qui revient au sortant était insuffisante pour nourrir ses bestiaux, il pourrait faire consommer un tiers des pailles.

Parelles. — La destruction des parelles est obligatoire, avant la maturité des graines, et à la charge du fermier.

Pas-de-bœuf, bordière, relit, sabottée, semelle, scule, etc. — Sa largeur est de 0ᵐ33 pour les terres légères, et de 0ᵐ16 à 0ᵐ17 pour les terrains plus fermes.

Pêche. — Le droit de pêche est toujours réservé au propriétaire.

Pépinières. — Le fermier est tenu d'entretenir la pépinière qu'il trouve sur la ferme en entrant.

Aux environs d'Angers, les pépiniéristes prennent à ferme des terres qu'ils sèment et cultivent en arbres.

A la fin du bail, ils doivent laisser la terre défoncée et nette de mauvaises herbes.

Ils ne peuvent réclamer aucune indemnité pour les semis dont ils ne profitent pas.

Ils ont le droit d'enlever tous les arbres et arbustes qu'ils ont plantés.

Il ne sont pas tenus de dommages-intérêts pour avoir retourné le sol, c'est-à-dire pour avoir rapporté les terres du fond à la surface ; ils ne sont pas astreints à la sortie de rétablir les terres dans leur état primitif.

Pierres. — Les pierres ramassées dans la ferme sont au propriétaire ; le fermier ne peut en disposer.

Plantations. — (Arbres à basse tige.) Les plantations sont libres et ne sont astreintes à aucune distance le long des eaux courantes, non navigables.

Le long des murs mitoyens, on peut planter et appuyer des arbres, à la condition de les tenir constamment taillés et palissés au-dessous du chapeau ou chaperon.

Le propriétaire fait à ses frais telles plantations que bon lui semble, en indemnisant le fermier de tout dommage causé en ensemencés.

Pour les plantations annuelles qui sont dues sans indemnités par le fermier, il indique les endroits où elles doivent être pratiquées.

Toutes plantations d'arbres, sauf celle des sauvageons, sont interdites au fermier s'il n'a pas l'ordre ou l'autorisation du propriétaire.

Tous les jeunes arbrisseaux doivent être laissés vifs à la fin du bail. Cependant, si le fermier est obligé à planter annuellement un certain nombre d'arbres et qu'à sa sortie le nombre ne se retrouve pas, on lui accorde qu'il a pu en périr un tiers, dont il n'a pas à rendre compte.

Plantes fourragères. — La consommation des plantes fourragères se fait sur place et le fermier ne peut ni les vendre ni les enlever, tant à la fin que pendant le cours de son bail.

Plantes nuisibles. — Elles doivent être détruites avant la maturité des graines.

Pommes de terre. — Leur consommation se fait sur place ; le fermier ne peut ni les vendre ni les enlever ; elles sont considérées comme racines fourragères.

Le sortant doit laisser les fanes (tiges et feuilles) intactes à l'entrant.

Dans la colonie partiaire, le colon peut disposer, à son profit, d'une quantité égale de pommes de terre à celle que le propriétaire prend lui-même pour son usage particulier ; lors même qne le propriétaire n'en prendrait pas, le colon a droit de s'en réserver six hectolitres.

Prairies ou prés (naturels) (1). — La clôture doit se faire le 1er février.

Cette clôture, dans l'année de la sortie, est à la charge du sortant et se fait avec les épines du lieu.

La coupe ou fauchage se fait le plus ras possible, et au moment de la floraison ou maturité des foins.

Le pacage peut être suspendu à partir du 1er février.

Le pâturage du regain dans les prés communs a lieu à l'époque fixée dans chaque localité par l'autorité municipale.

Les rigoles ou ruisseaux d'irrigation et d'égouttement sont réparés par le fermier, du 1er décembre au 1er janvier.

Prairies ou prés (artificiels). — La coupe se fait à la maturité.

Les autres usages sont les mêmes que pour les prairies naturelles.

Pressoirs. — Le fermier ou colon est tenu d'entretenir le pressoir à vin ou à cidre en bon état de propreté et de réparations locatives, et il

---

(1) Une fois converties en prairies naturelles, les terres de labour sont assimilées aux anciens prés, pour la récolte et le partage du foin et pour tous les travaux. Elles ne peuvent plus être remises en culture qu'avec l'agrément du propriétaire.

est responsable de tous dommages causés par sa négligence.

Les réparations sont faites à la charge du fermier, chaque année, après que le pressoir ou le concasseur de pommes a servi.

Le bois des réparations est fourni *debout* par le propriétaire.

Prestations. — Les prestations sont toujours à la charge du fermier.

Dans l'année de recours, c'est-à-dire dans l'année qui suit la sortie, le fermier entrant doit les prestations en nature à partir du 1er janvier qui suit son entrée en jouissance, lors même que le rôle des contributions les porterait au nom de son prédécesseur.

Dans la colonie partiaire, le colon doit la totalité des prestations.

Produits. — (Colonie partiaire.) Tous les produits naturels et artificiels, excepté ceux qui doivent être consommés sur le lieu pour la nourriture du ménage et des bestiaux, ou pour l'amélioration du fonds, se partagent par moitié.

Le transport de la part du propriétaire se fait aux frais du colon, à l'époque et au lieu fixés par le propriétaire, jusqu'à la distance de deux myriamètres (1).

Puits commun. — La corde est entretenue par

---

(1) Dans le cas de changement de colon, le transport est fait par le colon du moment où est due la prestation et non par le colon sorti.

tous les ayants-droits. L'eau ne peut être employée à l'arrosage que du consentement de tous.

La corde et le chabut sont censés appartenir au fermier et le treuil au propriétaire, qui doit le fournir.

R

Racines fourragères. — Toutes les racines fourragères telles que carottes, betteraves, navets, pommes de terre, sont considérées comme fourrages et ne peuvent être vendues ni enlevées, sauf quelques cas mentionnés dans les articles spéciaux à chaque espèce.

Râteliers. — L'entretien des râteliers est à la charge du fermier, sauf la destruction par vétusté.

Récolte. — L'arrière-récolte se partage par moitié, après prélèvement des semences, s'il y a lieu. (1)

Le battage de la récolte se fait à la ferme.

Pour les travaux de l'arrière-récolte, l'entrant doit au sortant :

1° La maison pour la cuisson des aliments et pour les repas ;

2° Une place suffisante dans les étables pour les chevaux et bestiaux qui travaillent à l'arrière-récolte.

Ces travaux sont exécutés par le sortant, avec ses instruments, ses hommes et ses bêtes ; il

---

(1) Le sortant fait tous les travaux et paie les deux tiers des impôts de l'année qui suit sa sortie.

fournit la nourriture et le bois pour la cuisson des aliments.

Le transport des gerbes de l'arrière-récolte est fait par l'entrant.

Rejetons ou gourmands. — Le fermier doit les détruire soigneusement.

Renaissances. — Il est interdit au fermier de les détruire, élaguer ou étêter ; il doit les ménager et les protéger.

Réparations locatives (1). — Le fermier doit entretenir les biens loués en bon état de réparations locatives ; ces réparations, outre celles mentionnées dans l'article 1754 du Code civil, comprenant :

L'entretien de l'aire, des maisons et greniers, soit en terre, soit carrelés ;

L'entretien du blanc ou de la tapisserie des maisons ;

L'entretien du carrelage des fours ;

Des couvertures en ardoises ou en paille ;

Du sol des écuries, rue et issues établies à la hauteur du dessous du seuil des écuries et étables ;

Des échelles, râteliers, mangeoires, crèches, entre-deux, auges, lorsque ces objets ont été fournis par le propriétaire et dépendent du lieu ;

Des barrières, échalas, haies, fossés et rigoles ;

---

(1) Suivant l'article 1755, aucune des réparations n'est à la charge du fermier quand elles ne sont occasionnées que par vétusté ou force majeure.

Des cours et chemins d'exploitation fermés et préalablement encaissés et macadamisés par le propriétaire ;

Du pressoir et de l'instrument à broyer les pommes ;

Des loges couvertes en paille ou en chaume ;

Des haies et fossés.

Ruches à miel. — Elles sont censées appartenir toujours au locataire ou au fermier ;

S

Sarclage. — Toutes les récoltes doivent être sarclées convenablement ; les racines nuisibles doivent être soigneusement détruites avant d'avoir fructifié.

Si le fermier sortant n'a pas exécuté ces sarclages dans le temps d'usage, ils peuvent être faits à ses frais par l'entrant.

Sarrazin. — Dans la dernière année, la paille est réservée au fermier entrant.

Les chaumes sont coupés ras.

Semences. — (Colonie partiaire.) La fourniture de la semence se fait par moitié entre le propriétaire et le colon.

Pour la dernière récolte, le sortant fournit seul les semences, mais il les prélève avant tout partage.

T

Taillis. — (Coupe, âge.) S'il y a un aménagement établi sur le lieu, le fermier doit le suivre ; sinon il observe l'usage, sous peine de dommages-intérêts pour avance ou retard.

La coupe du chêne et autres bois durs se fait à neuf ans.

Celle des châtaigniers ou brosses se fait à six ans (1).

Le bois mort, les bruyères, le bois des haies entourant les taillis se coupent en même temps que les taillis (2).

Le pacage dans les taillis est en principe strictement interdit.

Le fermier ne peut réclamer d'indemnité pour les sèves que leur âge ne lui a pas permis de prendre.

La vidange doit se faire avant le 15 mars, pour le chêne et autres bois durs, et avant le 1er avril, pour les châtaigniers ou brosses.

Tapisseries. — Si le locataire a reçu la maison tapissée, il doit la rendre dans le même état.

Taupinières. — Elles doivent être étendues deux fois par an.

---

(1) On observe, pour la distinction, l'essence prédominante.

(2) La réparation des haies et des fossés s'effectue à la charge du fermier, à la même époque, les rigoles servant à l'écoulement des eaux doivent toujours être bien entretenues.

Taupes. — Elles sont détruites le plus possible aux frais du fermier.

Terres arables converties en prairies. — Elles ne peuvent être remises en culture qu'avec l'agrément du propriétaire.

Terres volantes. — Le fermier les cultive comme bon lui semble, sans cependant changer leur nature.

Elles ne sont point sujettes aux droits de suite, et elles doivent être libres et sans ensemencé au moment de la sortie du fermier.

Le fermier coupe le bois et les épines aux mêmes époques que celles indiquées pour les corps de ferme.

Le fermier dispose comme il l'entend, même dans la dernière année de jouissance, des foins, pailles et autres produits récoltés sur les terres volantes.

Elles doivent être fumées dans la même proportion que les terres d'un corps de ferme.

Toitures. — Les réparations des couvertures en paille, chaume, roseaux ou genêts sont à la charge du fermier, qui doit fournir la main-d'œuvre et les matières.

Les couvertures en ardoises ou en tuiles sont aussi réparées par le fermier qui doit la main-d'œuvre et les matériaux, à l'exception de la latte et de la volige (1).

---

(1) A moins que la partie découverte n'ait un mètre carré et plus, calculé sur tous les endroits endommagés.

Toits à porcs. — L'entretien du nivellement du pavage est à la charge du fermier.

Trèfle. — L'entrant peut en semer dans les blés du sortant, pourvu qu'il n'en résulte aucun préjudice.

Le sortant doit laisser intacte la paille du trèfle gardé à graine.

V

Veaux. — (Colonie partiaire.) Le sevrage des veaux a lieu à quatre mois.

Vétérinaires et médicaments. — (Colonie partiaire.) Ils sont payés moitié par le propriétaire et moitié par le colon.

Le choix du vétérinaire appartient au propriétaire.

Vignes. — Le déchaussage de la vigne se fait en mars.

L'ébourgeonnement, ou épouillage, ou pliure se fait en juin (1).

Le fermier doit tenir les vignes en bon état, exécuter les façons prescrites par une bonne cul-

---

(1) Le vigneron façonnier ou tâcher doit suivre, pour tous les détails de la culture, les indications du propriétaire, à peine de dommages-intérêts fixés par expert. Si le propriétaire n'a pas pris la précaution de faire signer un engagement détaillé par son vigneron, celui-ci doit suivre l'usage du pays et, dans le cas de négligence, d'avance ou de retard et d'abus quelconque, il paiera le préjudice causé au propriétaire.

ture en temps et saisons convenables, les rendre bien plantées.

Les provins doivent être fumés.

Il doit y avoir une fosse et demie par are, contenant de deux à quatre plants, espacés entre eux de 30 centimètres.

Le fermier d'une vigne doit remplacer les souches mortes.

La taille à long bois ou à l'épi est défendue.

On taille à deux nœuds, en laissant un ou deux bourgeons par tête, suivant la force du cep.

Vitres. — L'entretien des vitres est à la charge du fermier, à moins qu'elles ne soient brisées par grêle ou accident de force majeure.

Volailles. — Elles sont toutes partagées par moitié dans la colonie partiaire.

TABLE DES MATIÈRES

Angers, imp. Germain et G. Grassin. — 1573-86.

DU MÊME AUTEUR

Les Usages Ruraux et Urbains du canton
Nord-Est d'Angers.............................. » 50

Les Usages Ruraux et Urbains du canton
Sud-Est d'Angers.. .... » 50